Alfred Tennyson

Aylmer's Field

Ein Gedicht

Alfred Tennyson

Aylmer's Field
Ein Gedicht

ISBN/EAN: 9783743691421

Hergestellt in Europa, USA, Kanada, Australien, Japan

Cover: Foto ©Thomas Meinert / pixelio.de

Weitere Bücher finden Sie auf **www.hansebooks.com**

Aylmer's Field.

Ein Gedicht von A. Tennyson

übersetzt von

F. W. Weber.

Leipzig,
Justus Naumann's Buchhandlung.
1869.

Aylmer's Field.
1793.

~~~~~~~~~~

Staub ist der Mensch; goldblanker Staub, sein Stolz,
Scheint Augenblicke nur gesund und frisch;
Der längst begrab'nen Königsleiche gleich,
Die man bei Urnen fand und Wappenschmuck,
Und kaum vom Licht berührt, vom Hauch des Himmels,
In Asche sich verlor und nicht mehr war.

Was ich berichte, stammt, in roh'rer Form,
Von einem grauen Krüppel, den ich traf,
Wie er auf ödem Feld sich einsam sonnte; —
Steinalt, ein Schacht, reich an Erinnerungen.
Einst dient' er bei des Ortes sel'gem Pfarrer,
Von dem was er erzählte, selbst ein Theil.

1

Herr Aylmer — Aylmer, der allmächt'ge Mann,
Deß Grafschaft Gott, in dessen weiter Halle
Mit hundert Schilden der Familienbaum
Aus eines ruh'nden Königs Brust entsprang:
Deß Drachenwappen blank als Thurmhahn glänzte,
Aus Mauern ragte, von den Thoren flog
Und sonst sich vielfach schwang als Wetterfahne:
Deß Augen aus dem Pyramidenkopfe
Von seinen Fenstern nur sein Eigen sah'n:
Welch hold'res Eigen hatt' er wohl, als sie,
Edith, sein einzig Kind, von ihm geliebt
Als seine Erbin, leider nicht sein Erbe?
Doch „wer sie nimmt, der nimmt auch ihren Namen.‟
Dies gnäd'ge Wort war ein'ger Trost für ihn
Und sie, sein Weib, verblich'ne Bäderschönheit,
So schal, wie eine Kartenkönigin;
Kaum mehr ihr ganzes Thun und Denken, als
Sein Schattenbild in kränklich blasser Sonne.

Ein Hopfenland, ein Land mit Korn voll Mohn,
In dem fast nichts sich regte, als ein Bach;
Ein schläfrig Land, wo Jahr auf Jahr vertiefte
Dasselbe Rad dieselbe alte Spur;
Wo schier das ganze Dorf trug einen Namen,

Wo Aylmer stets auf Aylmer folgt' im Schloß,
Auf Averill Averill immerfort im Pfarrhof
Durch drei Geschlechter, so daß Schloß und Pfarre,
Verbunden in undenklich alter Freundschaft,
Einander offen standen; doch zu träumen,
Daß Liebe sie noch enger binden könnte,
Das hätt' empört des Freiherrn greises Haar
Voll Graun, wie wenn sein Pfarrer ihm gepredigt
Von Gottes Töchtern und der Menschen Söhnen
Verkehrte Schrift.¹) — So schläfrig war das Land.

Und konnte nicht auch Averill, wenn er wollte,
Sich unter einem seiner niedern Dächer
Aufpflanzen einen Stammbaum, reich an Schilden?
Einst gab es eine Aylmer = Averillheirath,
Als röther denn sie selbst die rothe Rose,
Die weiße York's roth war, wie Lancasters,
Und beider Dorn erstach den wunden Frieden.
„Nicht ächt" — sprach Averill, oder auch mit Lächeln
„Ein and'rer Zweig der Averill." Ächt, nicht ächt,
Was kümmert's ihn, ob seiner, ob ein and'rer?
Er stand allein auf sich und nicht auf Ahnen.
Jedoch sein Bruder Leolin, welcher häufig
Bei Averill war und ein zwei Jahre früher

Zur Anwaltszunft berufen, heimgerufen
Durch leisen Laut, zur theuern Gegend kehrte:
Er heischte oft, ging er an Edith's Seite,
Entfernte Sippschaft mit dem edeln Blut,
Das Edith's Herz erhob, wenn sie ihm lauschte.

Sanguinisch war er; fast so lebhaft als
Die Purpurinsel der Kastanienblüthe
Flammt' ihm die Wange; klare Augen, die
Noch froh das Frohe grüßten, strahlten unter
Der mähnengleichen Fülle goldner Locken,
Am hellsten, wenn sie ruhten in den ihren,
In Ediths, deren sinn'ge Schönheit, sonst
Vollkommen, nur beherrscht von Zeit und Stimmung.
Erglänzte wie ein räthselhafter Stern,
Bald mehr, bald minder hell, in stätem Wechsel, —
Wer weiß warum? — Reich war sie ausgestattet,
So zart doch, daß sie, rauh berührt, hinwelkte
In einem Tage — oder schien's nur so?
Und, froh bewegt, aufblühte, wie am Licht.

Zusammen war dies Paar von Anfang an;
Die Amme Leolin's ihre nach fünf Jahren;
Um so viel war er vor; doch als er doppelt

Zählt' ihre Tag' und Spielgenossen fehlten —
Denn Averill war ihm anderthalb Dekaden
Voraus und beide Eltern längst im Grab: —
Warf er zu Edith's Lust den Ball und ließ
Den Drachen steigen, trieb den Reif, durchsauste
Mit ihr den Strom der Luft in schwanker Schaukel,
Wand Blumenbälle, Maßliebketten, pflegte
Ihr Gartenfeld, sät' ihren Namen, daß
Er grün aufwuchs, erzählt' ihr Elfenmärchen,
Zeigt' ihr die Elfentritt' im Gras, die Gründchen,
Wo Schlüsselblumen standen, Elfenpalmen,
Die Schachtelhalmgehäge, Elfentannen,
Und blies vom Schild voll zarter Grübchen, was
Ein Flug von Elfenpfeilen schien, geschossen
Auf ein Ziel alle, alle treffend: — Spiele
Der Kinderphantasie! — Oft auch ersann,
In spät'rer Zeit, sein Knabenwitz Geschichten
Von Kampf und kühnem Wagniß, Kerker, Schiffbruch,
Flucht, Schrecken, Hülf' in Noth und treuer Liebe,
Gekrönt nach Prüfung: — Skizzen, roh und schwach,
Die doch schon tiefe Leidenschaft verbargen,
Noch ungeboren, wie des Mond's Musik
Schon schläft und träumt im Ei der Nachtigall.

So war vereint, hielt ihn nicht fern der Hörsaal,
Die Richtermahle nicht²), ein Paar, so schön,
Als je ein Maler malt', ein Dichter sang
Und je der Himmel schuf in reichster Güte.
Und mehr noch, als die Maid zur Jungfrau reifte,
Verthat er Zeit zu Haus; dort war er, wenn
Das zeltbedeckte Winterfeld³) aufbrach
Zur Sommerspeerphalanx, die bald im Schmuck
Der Blattgewinde prangen sollte; dort
Wenn Rank' und Frucht gesammelt war, und dort
Zur Christzeit: stets willkommen in der Halle,
In deren dumpfes Einerlei so sprühend
Sein Jugendfeuer brach, daß selbst Mylady
Entzückt war. Der Baron, er hatt' an Schranken
Noch nicht gedacht; stumpf, in sich selbst gewickelt,
Aufrecht und steif, geneigt von seiner Höhe
Mit halb gewog'nem Lächeln für die Welt,
Und äußerst höflich stets, — sein Stolz lag tiefer,
Als daß er ihn wie seinen Ring getragen: —
Er, ganz ein Aylmer, voll von Aylmerismus,
Er hielt es gleich, ob Leolin, ob sein alter
Neufoundlandshund mit Edith ging, wenn Beide
Zum Stall, ihn loszubinden, flogen, wo
Er aufrecht stand am straffen Strang und heulte,

Als Dritter mitzugeh'n. — Wie sollte Liebe,
Die aus Kreuzblitzen von vier Augen, welche
Sich trafen, sonst aufglüht zu feur'gem Leben
Aus Nichts, solch trautem Jugendumgang folgen? —
Nicht oft: wenn aber, dann mit Allgewalt.

Die jungen Herzen, unbewußt sich liebend, —
Sie mindestens, — kein trennend Hemmniß ahnend,
Gebunden durch langjährige Vertrautheit,
Nicht durch getheilten Ring und Pfand, sie streiften
Nach Lust umher, von Averill oft begleitet,
Deß Liebe, Bruderlieb', um ihren Frieden
Die weichen, warmen Flügel bog; vielleicht
Wohl andre Liebe, ohne Leolin's Liebe —
Wer weiß? Indeß, sie gingen fort und fort,
Pflückten die stets verjüngte Blum' und tranken
Den Zauberkelch, der immer neu sich füllte.

Sie ward sich erst halbklar durch ein Geflüster.
Jenseits des Parkthors, wo der Bach geschwätzig,
Stumm hier und dort, durch Uferweiden rann,
Erhoben sich der Arbeitsleute Häuser,
Von Edith oft besucht, auf niedern Hügeln,
Die wellengleich zusammenflossen, Hüttchen,

Verstreut nach Laun', ein Nest in Blumen jedes.
Hier hatte Edith's Kunst und Hand und Rath
Gewaltet: hier war eins, das, sommerweiß,
Im Herbste halb Waldrebenbartschmuck trug,
Und halb ein Epheukleid; hier stieg der leichte
Warmblaue Athem eines trauten Heerds
Aus einer Wein= und Geißblattlaub' empor;
Dies schien ganz Rosen, jenes hatt' ein knappes
Und sternbesätes Röckchen von Jasmin;
Dies schwamm in einer ros'gen See von Nelken,
Bei jenem klomm zur Thür ein Pfad von Lilien,
Milchstraß' auf Erden, wie der nord'sche Schwärmer¹)
Sie schaut' in seinen Himmelstraumgesichten;
Eins lag bis zu des Daches Schwalbennestern
Des Sommers tief in einem Grab von Malven:
Voll eig'ner Anmuth jedes, Edith's Anmuth
Allüberall. — Stets kam sie, er mit ihr,
Geliebt von ihren Armen, fast wie sie:
Denn sie, so lieb leutselig liebevoll,
Fürstlich dankend dem treuen Arm, der sich,
Ging sie vorbei, vom Feld hob, das er baute;
Sie sprach nicht frommen Spruch — und schritt vorüber;
Sie gab nicht guten Rath von solcher Höhe,
Daß selbst der Aermst' ihn haßt: nein, ihre Stimme

War Trost und hülfreich offen ihre Hand,
Ihr Nah'n der Armen Licht und Stolz; geehrt
Wie ihrer Eins, doch holder, als sie selbst
Dem kranken Weib und Kind, dem gichtgelähmten
Graukopf im Bett: — sie wurde angebetet.
Er war geliebt für sie und sich; ein Handdruck
Warm wie das Herz und kräftig wie sein Schlag,
Sein kindlich Thun mit Kindern und sein Lachen,
So rein wie ein erprobtes Goldstück, waren
Kein falscher Paß zu diesem Friedensreich,
Wo Edith einst, bei Leolin, pflegt' ein Kind,
Und wendend nach dem Heerd die rosigzarten
Fußsöhlchen mit fünf Perlen, leise wispern
Die fromme Mutter hörte: „Segne Gott,
Gott segne Beide! Eben schließt der Himmel."

Ein Blitz von Eifersucht erklärt' ihr Alles.
Mylady's Vetter kam aus Indien plötzlich,
Und mit ihm fast ein Dutzend Schwarzgesichter;
Sein eig'nes, wenn auch krieg'risch, scharf und kühn,
Versengt vom Brand der Zone, war nicht hübsch;
Sein Sprechen hübscher; wenn auch etwas prahlhaft,
War doch sein Mund der Stunde Herr; denn brach er
In eines thatenreichen Tages Chronik,

Vergaß beinah' sein schläfrig Gönnerlächeln
Sir Aylmer: „Gut, Mylady's Vetter, gut!"
Mylady, mit gekreuzten Fingern sacht
Auf seid'nen Knie'n die Daumen rollend, rief
In jedes Ohr all ihre Lebensgeister
Zu lauschen: doch es flogen unverseh'ns
Die Händ' und griffen nach den steifen Blumen
Des starrenden Brokats, in dem sie einst,
Das Meteor der glänzenden Saison,
Mit diesem Vetter — ach, vor langer Zeit! —
Im stolzen Menuett jener Tage schritt.
Doch Edith's rascher Geist durcheilt' im Flug
Mit ihm die Schreckenspässe seines Lebens,
Bis Leolin, der ihr Auge stets bewachte,
Ihn haßte mit dem Hasse des Moments.
Ein Weiberjäger war er, wie man raunte;
Ich weiß es nicht; er schwieg; nur goß er aus
Auf Jedermann des Orients reiche Gaben
Und meist auf Edith. Wie ein Sturm, so kam er,
Durchfuhr das Haus, und wie ein Sturm, so ging er.

Eins, das er hinterließ für sie, — er schwankte
In Ebb' und Fluth vielleicht zurückzukehren
Nach and'rer Werber Prüfung, — war ein Dolch

In reicher Scheid', auf der Juwelen blitzten
In Gold gefaßt, das fein und zart sich zweigte,
Eisblumen gleich, auf eine Fensterscheibe
Gehaucht im Januar. Wie alt das Werk,
Von welchem Stamm? Ich weiß nicht. Wie er sagte,
Beim Sturm auf eine Räuberhügelfeste
Gewann er es. Der Hauptmann, nach dem Streit —
Die Seinen hatten ausgekämpft hienieden —
Schwang sich in's Thal; er schoß nach ihm, und taumelnd,
Vom Felsenüberhang, an dem er klebte,
Vor seine Füße rollte der braune Schelm;
Mit ihm der Dolch. — Jetzt staunt' ihn Edith an,
Und er, deß Freude war, sie zu erfreu'n,
Der reiche Sahib schenkte ihr den Dolch.

Als Leolin kam, nach seinem Abgang, warf er
All die Geschenke achtlos hin und wieder.
Sie zeigt' ihm die kostbare Scheid' und sprach:
„Sieh', welch ein prächtig Stück von Künstlerarbeit!"
„Nun" —sagt' er kühl— „nun ja! Mir liegt nichts dran."
Dann spielend mit dem Blatt ritzt' er die Hand.
„Ein artiges Geschenk für eine Dame!"
„Wär' es denn artiger", versetzte sie,
„Wenn ich es einem Andern geben wollte,

2*

Der keine Dame?" — „Artiger? O nein!
Mir? Doch mir liegt nichts dran. — Verzeih' mir, Edith,
Fürwahr, es scheint, ich bin die Unart selbst."
„Nimm", sprach sie sanft, „ist es auch sein Geschenk;
Denn ich bin noch unartiger, als Du:
Auch mir liegt nichts daran." — „O dann", versetzt' er,
„Lieb' ich es sehr!" — — Sir Ahlmer ging vorbei,
Doch was er hörte, liebt' und lobt' er nicht.

Ein Nachbar kam des andern Tags. Sie schwatzten
Von Blau und Roth⁵); Blau werde siegen, meint' er: —
Vom letzten Fuchs — wo aufgebracht — gepackt
In jenem Grund. „Mein Peter griff die Lunte,
Mein Peter erst!" — Und wußt' Herr Ahlmer, daß man
Den langen pockennarb'gen Wilddieb faßte?
Dann, Hand zu Hand, macht' Echo sein Behagen;
Er rieb die Finger auf und ab ein Weilchen,
Als hielt er das, wovon er sprach, dazwischen:
„Die Hühner fand man warm, noch warm bei ihm:
Nun sitzt er fest!" — Und hört' Herr Ahlmer — nein,
Er mußte doch — es ward durch's Land geläutet —
Die Gränzerschmiedheirath — des Mädchens dort —
Kaum von der Amme Schooß! — Trau' Einer Kindern!
Verwünschtes Frankenland mit seiner Gleichheit! —

Und dächte wohl Herr Aylmer — ehrerbietig
Mit nahgerücktem Stuhl und leiserm Ton —
Die Leute schwatzten — daß es klug und weise,
Averill, den hübschen Jungen, gehn zu lassen
So frei mit seiner Tochter? — Leute schwatzten! —
Der Bursch' könnt' etwas in den Kopf sich setzen,
Umstrickt das Mädchen sein, bevor sie's wüßte. — —
Langsam erstarrend sprach Sir Aylmer=Aylmer:
„Die Beiden, Herr, sie wissen, was sie scheidet."
„Gut", sprach der Freund, „doch wacht!" — Und er:
   „Genug,
Mehr als genug! Mein Eig'nes hüt' ich selbst. —
Sie schieden und Sir Aylmer=Aylmer wachte.

Bleich war den Abend Edith, denn der Donner
Des Hauses fiel auf sie zuerst, todtbleich,
Wie Jephtha's Tochter, deren Bild, ein altes
Steiffarb'ges Stück, hing ob der Thür, durch welche
Edith entwich, der andern gegenüber,
Die Leolin aufthat. Einen Blick voll Mitleid
Warf sie ihm rückwärts zu und schwand. — Und er,
Wie Einer, den ein jäher Sturm erfaßt,
Mit schimpflichen Beiwörtern überschüttet
Wandt' er sich um und sah des Hauses Mächte

Am Heerde rechts und links, voll Zorn. Sie kühlte
Sich federfächelnd die geschminkten Wangen,
Er glotzend, glüh', gespornt vom tollen Teufel,
Hart keuchend wie ein hart geritt'nes Thier.
„Gemein und ehrlos, niedrig und vermessen!
Ihm ward sie anvertraut so sorglos, ihre
Allein'ge Erbin aller Hab' und Länder,
Der letzte Pfeiler ihres Hauses, sie,
Die einz'ge Trägerin des alten Namens,
Ihr Kind! — „Ja uns'res!" „Uns're Erbin!" „Uns're!"
Nachhallte stets, wie fernes Grottenecho,
Ihr schwäch'rer Kehrreim. — Endlich brach er los:

„Bursch, achte d'rauf! Dein Glück ist noch zu machen,
Doch machst Du's nicht mit meinem Glück, das schwör' ich!
Nun, da Du sie mit arger List umgarnt,
Verwirrt, so daß sie halb sich selbst vergaß,
Vergaß die Pflichten gegen sich und uns —
Was man unmöglich hielt für Aylmers Blut,
So lang man Aylmer kennt — das sag' ich Dir —
Denn sonst entzieh' ich ewig Gunst und Stütze
Dir und den Deinigen — das sollst Du thun!
Herr, seht Ihr sie, doch sollt Ihr sie nicht sehn,

Nein, schreiben sollt Ihr, nicht an sie, an mich:
Und sagen sollt Ihr, daß Ihr mit mir spracht
Und daß Ihr in Euch gingt und findet, daß
Ihr nichts gewollt; — Ihr wißt ja selber, daß
Ihr wirklich nichts gewollt. — Ein schöner Eidam!
Unmöglich, unerhört!" — Das waren Worte,
Nach seinem Maß, nach Aylmer's Maß gemessen,
Voll grenzenloser Milde: als jedoch
Leolin entsetzt erwiederte: „Was, ich
An ihr und mir solch schmutziger Verräther?
O nimmermehr!" da war Sir Aylmer still,
Vom innern Sturme roth, so lang' etwa
Der Falk ob seiner Beute schwebend hängt:
Dann brach er jedes Band der Sitt' und schrie:
„Fänd' ich Dich je an meinen Thoren, Bube,
Fort peitschte Dich mein Volk wie einen Hund:
Hinweg!" Er stieß mit grimmiger Verwünschung
Den Schemel fort, der vor ihm stand, sprang auf
Und stammelte: „Du Schuft!" zähnknirschend, wie
In furchtbar schwerem Traum. Schier grausend zog
Sich Leolin stumm zurück; ihm nach voll Wuth
Der alte Mann; er stand in seiner Thür,
Die Händ' erhoben, wild; ein grauer Kopf
Der Ehrfurcht heischt an seinem Heerd, doch nun,

Im Licht des bleichen, friedlich stillen Mondes,
Entstellt von würdeloser Raserei.

Gemach, das Auge fühlend, das ihn zornig
Bewachte, bis das wucht'ge Thor mit langem
Nachhall durch's weite Land sich krachend schloß,
Ging Leolin; dann, die Leidenschaften alle
In Fluth und Herrn der Glieder, rannt' er wüthend
Die lichten Au'n hinab zum Haus des Bruders
Und schäumte aus sein Herz in Averill's Ohr.
Bestürzt sprach Averill Trost, so gut es ging:
Der Mann war sein, war einst des Vaters Freund;
Was Averill längst gewußt, er mußt' es wissen,
Was Averill sah, er mußt' es sehn; zudem
Noch hatt' er ja nicht ausgestellt die Tochter
Hier auf des Westens Weibermarkt, wo uns're
Kaukasierinnen sich verkaufen lassen.
Man hatte, meint' er, Leolin nur verläumdet.
„O Bruder, stets als Sohn mehr, denn als Bruder
Warst Du mir lieb! Hör' an: Auch ich, auch ich —
Wie heißt das saub're Wort? Gefoppt, nicht wahr?
Ich ward gefoppt: — laß Dir's zum Troste sagen.
Gekränkt, erniedrigt, weil ich auf mich nahm
Die Schmach, des Weibes Schmach, durchlebt' ich lange

Ein sonnenlos verkrüppelt Leben, bis
Nach unf'rer Eltern Tod bei Deinem Wachsen
Ich selber wieder mit zu wachsen glaubte.
Leolin, ich fünd'ge faft durch Neid auf Dich;
Das Lamm, das weißefte all meiner Heerde,
Liebt Dich; ich kenne fie: ihr schlimmstes Denken
Ift weißer noch als ihre hübsche Hand.
Sie muß treu sein: denn, Bruder, wo Zwei kämpfen,
Der Stärkste siegt, und Lieb' und Treu' sind stark,
Und Du bift glücklich: — laß die Alten gehn!"

Doch Leolin schalt nur umsomehr auf fie: —
Hochmüthig, hirnlos, herzlos! Erbin, Gold,
Ihr Gold und ihre Erbin! Gold vollauf
Für zwanzig Paare! Wär' er Herr, es sollten
Sich zwanzig Paare damit frei'n, es sollten
Ihn vierzig Sel'ge segnen und er bliebe
Doch reich, ja reicher würd' er noch. — Es glaubte
Der Heirathsfeind, der schmutz'ge Mammon schaffe
Der Städte Auswurf; sklavisch unterjochte
Natur sei all des garst'gen Treubruchs Mutter,
Durchfaulend Seel' und Leib. — Und Name, Name,
Ihr alter Name! Sei'n fie stolz: ihn trage
Ja Edith: das sein Werth! — Wie war fie gestern

3

So bleich, die Arme! Maßlos hatten sie
Ihr zugesetzt. — O, die Fasanenlords,
Die Repphuhnbrüter, ein Jahrtausend alt,
Das ihrer Tausende bemehlthaut, thatlos
Seit Egbert!*) Was? Nur schimpflicher ihr Schimpf!
Gestreckt auf einen Namen ruh'n und rosten!
In edel halten, edler machen? Nein!
Die Thoren, denen edel sein so leicht! —
Da sei ein Mann, ein Mustermann, gewesen,
Und Aller Lust, der toll geliebt: verschmäht
Von solch verrücktem Vater hab' er wüst
Verschwelgt sein Leben   und ein End' gemacht.
Das woll' er nicht! Ihr Wort, ihr süßes Antlitz
Halt' ihn zurück: doch hab' er Kraft, er fühl' es:
Zur Arbeit woll' er wieder, Ruhm und Reichthum
Erringen, daß die Welt von ihm erschalle,
Zur Schmach des morschen Aylmer in den Grüften:
Großkanzler, ja das Höchste woll' er werden. —
„O Bruder, mir ist weh Dein Weh zu sehn, —
Gieb meiner Geißel Raum und laß mich sprechen."

Dann lacht' er auf, wie Einer, der sein Unmaß
Erkennt und als sein eig'nes gern verzeiht;
Dann war er still und weinte gleich danach

Laut wie der Sturm. Der bied're Averill sah,
Wie tief der Muth des Bruders sank und holte
Vom reichsten Portwein her, bewahrt für Feste;
Er pries sein schwindend Roth, das Jahr der Lese —
Als grad' der jetz'ge Aylmer mündig wurde; —
Dann tranken Beid' und räumten schließlich ein,
Wenn Leolin's Herz auch wechselnd flammt' und fiel,
Daß man viel Nachsicht Menschen schuldig sei.
Nach einem zorn'gen Traum verblich am Morgen
Dies mild're Glühn, doch Leolin's Vorsatz hielt.

Noch einmal sah'n die Lieben sich bei Nacht,
Doch mit Gefahr, im Schutz der Riesentannen,
Die hinter'm Schloß nordwärts tiefdüster ragten.
Sie preßt' ihn an ihr sittsam frommes Herz
In Todesqual, und schwor, daß nicht Gewalt,
Beredung nicht, noch Tod sie ändern solle.
Er, leidenschaftlicher und hoffnungsreicher:
Er wolle gehn, sich müh'n für Edith und
Im Sonnenglanz des Glücks so wiederkehren,
Daß man ihn nicht verwerfen könne. „Schreib' mir!
Sie liebten mich; nun hassen sie mich, weil
Ich lieb' ihr Kind: wir sind im Krieg, Du Theure,
Der jedes Band zerreißt, nur uns'res nicht:

3*

Wir bleiben uns geweiht." — Die armen Kinder,
So sprachen sie sich Trost. Kalt blies der Wind;
Des Himmels Regen, ihre bittern Thränen,
Die Thränen und der kalte Regen mischten
Auf ihren Wangen sich, als sie sich küßten
In dunkler Nacht. Die Tanne braust' und klagte.

Und Leolin ging; und wie man eine Sprache,
Kaum obenhin bekannt in einzeln Phrasen,
Zu lernen strebt, so rang er zu bewält'gen
Englands Gesetzweisheit, die selbst gesetzlos,
Das coderlose Heer von Präcedenzen,
Der Beispielsfälle Wüstenei, durch die
Nur Wenige vom Geist, vom Glück geführt,
Sich einen Weg zu Ruhm und Reichthum bahnen.

Witzfunken, die im Anwaltszimmer zuckten,
Der Stunde Blitz, Wortspiele, lose Späße, —
Skandal, begraben siebzig Jahr' in anderm
Skandal, der lebt' und starb und hinterließ
Lebendigen Skandal, der sterben wird:
Das Alles starb ihm längst; er war entschlossen
Schimpf zu beschämen, stark im Hoffen und
Verschwenderisch mit aller Geistesarbeit,

Doch knapp mit Wein und Schlaf und Körperübung;
Kaum daß er Abends, aufzuathmen, haftig
Den kargen Bruchtheil einer Stunde lief
Den Fluß entlang. Und wirklich, damals waren
Die Zeiten härter, blutiger die Hände
Der Macht und härter schienen selbst die Herzen
Vertrauter Menschen; doch der sanfte Flußwind,
Der durch den Garten der Rivalin¹) spielte,
Noch haucht' er duftig in ein Herz, deß voll,
Was er mit Edith sprach und weht' ihn an
Weit frischer, wenn er hin und wieder eilte,
Vom Buch hinweg, sein Blut mit Luft zu röthen,
Und dann zum Buch zurück.

Mylady's Vetter,
Halbkrank von seines Ruhstand's Nachmittag,
Besuchte einmal, zweimal den Studenten,
Flucht' auf die Zeit so toll wie ein Malaie,
War hoffnungsvoll für Frankreich und die Welt,
Gab Antwort auf die Fragen nach der Heimath
Mit Achselzucken, unverschämtem Lächeln,
Und hätt' ihn gern hinausgezerrt und frisch
Getummelt; sprechen würd' ein näh'rer Freund:
„Die Saite bricht, wenn du zu hoch sie schraubst.‟

War er allein, nahm er den Dolch vom Busen,
Wo warm ihn hielt sein weltentsagend Herz,
Drauf küssend, wie ein Ritter, sein Gelübde.
Mit Beifall sprachen oft graubärt'ge Richter
Von ihm und prophezeihten seine Größe:
Herz, denk' ich, half dem Haupt; und ihre Briefe,
Die sparsam kamen, dann und wann, gleich Klängen
Fernhallender Musik, geschrieben, wie
Es glückt' und ging, da man sie streng bewachte,
Durch jedes Wirrsal zauberten sie ihn,
Bis ihm ein Ende, Licht und Hoffnung strahlte.

Doch sie, die ihr das Leben gaben, Edith's
Weltkluge Eltern, o sie plagten sich
Sie zu verkaufen für ihr Gut, die Guten!
Wo sich in ihrer Jagd ein Erstgeborner
Mit Rang, mit Reichthum fand, sie reizten ihn
In's Netz hinein, anlockend durch die Köder
Schönheit und Gold, und warben ihn zum Werber.
So lärmt' es Mond auf Mond an ihren Thoren,
So flammten weit die tollen Feste, daß
Der Dieb, der Nachts ihr armes Häslein strickte,
Nur scheu und stutzend es ergriff. — Umsonst!
Verstimmt, voll Hohn, voll Zorn, voll Mitleid zogen

Leolin's verschmähte Nebenbuhler ab,
So oft, daß leicht beschwingt die Thorheit über
Die faulen Grenzen flog vom Wind getragen,
Mit viel Geschwätz, und weckt' auf andern Fluren
Der Bauern Spott beim Bier, das laute Lachen
Der edeln Herrn. — Doch sie daheim, sie schnürten,
Wie Jäger um ein mattgejagtes Wild,
Die Schlinge fest und fester, nah zum Tode.
Sie engten ein der Tochter Gehn und Kommen,
Verboten erst ihr Averill's Haus, versagten
Dann den Besuch der reichern Meierhöfe
Und sperrten sie zuletzt noch von den Armen
Des Hauses ab. — Noch trug sie es, noch blieb
Die Wange roth: ein Wunder! — Aber seltsam!
Welch Amulet zog sie zu jener Eiche,
Uralt und grau? Vor zwanzig Jahren stürzte
Ein Theil und ließ den Brand Johanns⁸) erscheinen;
Sonst selbst ein Wald, ein Baum jedweder Ast,
Nun eines schwarzen Thurms zerbrochner Stumpf,
Morsch, wüst und hohl, mit einzeln grünen Zweigen.
Dort wühlt' im Staub des tausendjähr'gen Zunders
Der edle Grundherr, allzuwißbegierig,
Und grub sich einen Schatz voll bittern Weh's;
Sein eig'nes Drachensiegel brach er auf

Und las, sich windend, seines Kindes Brief,
Den just zu holen Leolin's Sendling nahte,
Ein krüppelhafter Bursch; er kehrte sich
Zur Flucht, jedoch bedroht mit Strick und Kerker,
Gab er bestürzt dem Mann, der seinen armen
Dorfwitz verwirrt, den Brief, den er gebracht,
Und schwor dazu, der Zwischenträger wie
Bisher zu sein und vom Betrug zu schweigen.
Ihm schlug auf's Herz der Güte Mißbrauch: hassend
Die eig'ne nied're Seele schlich er fort.

Oft aus Despotenträumen fuhr seitdem
Der Alte keuchend auf; oft, wenn ihn früh
Der schwarze Freistaat in den Ulmen weckte,
Strich er, des Halms Schaumflieg' abstreifend, durch
Den Wiesendunst zu seinem Schatz, erraffte
Den Fund, ging heim, las ihn der Gnäd'gen vor,
Die muthlos, stumpf, verzagt, den kleinen Mund
Zum Halbmond niederkrümmte, riß ihn durch,
Als lebt' ein Leben in der Liebe Sprache,
Ein Nerv, den Riß zu fühlen, — und verbrannt' ihn,
Empört vom Trotze gen sein großes Ich,
Geärgert, — o welch mächt'ge Anstoßblöde! —
Von Schmeichelwörtchen und Verkleinrungssilben,

Wie sie verstreut im Wörterbuche stehn
Der Liebe, die, wie ein gescholt'nes Kind,
Sich selbst nach langem Weinen endlich stillt
Und keine Antwort hofft.

Schrieb Averill auch,
Und bat den Bruder, tapfer auszuharren, —
Noch würde Alles gut: — er hörte nicht,
Er kam und ging rastlos und leidenschaftlich,
Und einst bei Nacht den Park durchraschelnd ward er
Vom Schuß des Hüters leicht verletzt und kehrte
Voll Ingrimm heim. — Auch Edith hatt' es schlimm:
Im Garten hielt man sie, im Tannenwäldchen,
Selbst dort bewacht; den Wächter überwachte
Ein andrer Wächter und Sir Aylmer Alle,
Noch mehr erbost, seit er die Briefe las.
Nur einst, erwärmt vom Wein und stolz auf sie,
So lieblich sah sie aus, küßt' er sie zärtlich,
Selbst wußt' er nicht, warum? Der eine Kuß
War Leolin's einz'ger mächt'ger Nebenbuhler;
Und da der Mutter Kuß ihn unterstützte,
Schien wieder aufzublüh'n der Hoffnung Rose;
Dann folgt' ein Martinssommer welker Liebe,
Für Edith eine Feuerprob', und dann

4

Ging er ihr selten ohne Spott vorüber;
Die Mutter troff von seichtern Bitterkeiten.
Kein freundlich Wort, nicht eins, kein freundlich Lächeln,
So daß dies sanfte Wesen, abgeschlossen
Von jedem holden Walten, nur gesellt
Mit zwanzigmondenlangem Schweigen — fast
Gleichgültig selbst — verlor den Halt am Leben.
Zuletzt ergriff das Kind ein mattes Fieber,
Das Schwäche suchend schlich in Volk und Haus,
Wie Wunden sucht die Flieg' und Hirsch und Mensch
Und Alles schier, was ist, das Kranke kränkt,
Nur Christus nicht nach unsers Glaubens Lehre.
Da lag sie auf dem Feuerlager, achtlos
Der Hausgenossen, welche sie umstanden,
Bis, laut ausrufend Leolin's Namen, sie,
Sie, und mit ihr der Stamm der Aylmer starb.

Licht zuckt der Stern zum Stern: mag Geist zum Geist
Sich durch sein fein'res Element nicht schwingen?
Fühlbar, — von fern, — blitzschnell? — Wie schrillte sonst
Sein scharfer Schrei: Ja Lieb, ja Edith, ja!
So daß vom Schlaf auffuhr sein Stubennachbar
Und kam, und fand ihn halb vom Bett erhoben,
Gespenstig klaren Aug's, in Schweiß und bebend,

Elektrisch knisternd sein gesträubtes Haar,
Den Leib wie zum Verfolgen vorgebeugt,
Und wie zum Haschen ausgestreckt die Arme.
Weswegen er geschrie'n, er wußt' es nicht,
Und fast betäubt, von Sinnen und verwirrt
Durch des Genossen rauhe Zärtlichkeit,
Sank er in Schlaf zurück. — Am zweiten Tag
Erschien Mylady's Vetter, bitt're Kunde
Zu bringen von daheim — und vor ihm lag
Ein todter Mann, ein Brief mit schwarzem Rand,
Seitwärts der Dolch, den er einst Edith gab,
Gefärbt mit Blut, nicht mit Banditenblut. —
„Von Edith" war der Klinge eingegraben.

Und Averill kam und blickt' auf seinen Todten.
Und als er heim kam, däucht' es seiner Heerde, —
So hatten ihn die Jahre, nicht die Jahre
Der Zeit, verwüstet, — das Entsetzen schnitt
Viel tausend Tage seines Lebens fort. —
Die düst're Mutter aber, kaum gerührt
Von Leolin's Tod, da Edith's Tod zu nah,
Gewohnt des Pfarrers Bibelspruch zu wählen,
Sie ließ den schmerzzerriss'nen Bruder bitten
Zu sprechen vor dem Volk von ihrem Kind,

4*

Und gab den Sabbath an. Trüb war der Tag:
Der herbstlich gelbe Schein der fahlen Wälder
War all sein Leben; schwer darüber ruhte
Der tiefen Wolken athemlose Last
Kalt und beklemmend. Aber jedes Dach
Schickt' einen Hörer aus; rings in den Dörfern
War Edith Manchem einst bekannt und viel
Besprochen ward die unglückfel'ge Liebe,
Der Eltern Härt' und Beider Tod. Sie ließen
Den eig'nen grauen Thurm, ihr schlichtes Kirchlein,
Um ihn zu hören; ganz in Trauer diese,
Und jene halb, mit Handschuh, Band und Tuch.
Die Kirche, schwarz wie Nacht, — nur durch die Fenster
Ein grünlich Dämmern, — machte bleicher noch
Sein bleiches Haupt, wie er dort oben stand,
Mit seinen Hoffnungen in beiden Gräbern.

Gesenkt die Stirn lag Averill lang, magnetisch
Das Antlitz auf den Händen, bis er es
Losriß mit Macht, todtblaß; nur mühvoll sprach er
Das kurze Vorgebet und gab den Vers:
Sieh, euer Haus ist wüste euch gelassen.[9])
Dann fiel er wieder in solch lange Pause,
Daß all sein Volk halb staunte, halb erschrak;

Dann, wie er einsam stand, einsam im Jammer,
Brach auf sein flutend Herz und brauste gegen
Der Welt Verwüstung nieder seinen Zorn.

⋅

Nie seit ein Meer ward unsre böse Erde,
Das übergoß der Stolzen Thürm' und Alle,
Die nicht erkannten den lebend'gen Gott, —
Acht blieben, eine rein're Welt zu gründen: —
Wann schuf seitdem Fluth, Brand, Erdbeben, Donner
Solch Weh und Unheil, als der Götzendienst,
Der von dem niedern Licht der Sterblichkeit
Zum höchsten Himmel seine Schatten hob,
Und seine Nacht als seinen Gott verehrte?
„Schneid' dich zur Ehre Baal's, des Thiers, du Priester!*)
Und opfre selbst dich deinem ärgsten Selbst:
Dein ärgstes Selbst ist deines Gottes Kleid." —
Dann kam ein And'rer, ganz ungleich dem Baal.
Nun wird das Kind den Löwen führen, nun
Die Wildniß gleich der Rose blühn. — O kröne
Dich selbst, du Wurm, anbetend deine Lüste! —
Kein klotzig plumper Gott der Felder steht
An deinem Thor, daß du vor ihm dich krümmest:
Dein Gott ist weit gedehnt in prächt'gen Wäldern,
In Fürstenschlössern, Gütern, grünen Auen,

In Haufen glühen Golds, die täglich wachsen,
In Pergamenturkunden, stolzen Wappen.
In solcher Bildung siehst du deinen Gott.
Du schneidest nicht dein Fleisch für ihn; dein Fleisch
Fährt wohl, in zartem Leinen, nicht ein Häärchen
Kommt aus der Lag' auf deiner Haut; derweil
Sie, die beherrscht dein sterblich Haus, die ew'ge,
Verwundet ist zum Tod, der nimmer stirbt;
Und ob du gleichwohl zum Gefolge zählst
Deß, der da rief: Laß Alles, folge mir.
Dich, weil sein Licht vor deinen Füßen leuchtet,
Dich, dem in's Ohr laut seine Botschaft klingt,
Dich wird dein Bruder, Er, der Herr vom Himmel,
Der Dorfmaid Kind, der Sohn des Zimmermanns,
Der Friedensfürst, der mächt'ge Gott, der Hehre,
Den schlechtern Götzenknecht von Beiden nennen;
Grausamer noch: nicht Leiber treibst du durch
Die Gluth,[11]) nein Seelen, — deiner Kinder — durch
Den Qualm, den Brodem schnöder Gier und schwärzest
Zu deines Gleichen deine Brut. Sollt' aber
Ein beff'res Kind, zum Unglück deins, erblühn,
Wie durch ein Wunder, hoch und hold: — o Freunde,
Von solchem Kind zu sprechen baten mich
Sie, die am meisten es betrauern dürfen.

So schön war Rachel nicht am Palmenquell,
So schön war Ruth nicht auf dem Feld der Garben;
Schön, wie der Engel, der die Jungfrau grüßte,
Mit Licht das Haus, das sie betrat, erfüllend.
Mein Haus ward so erleuchtet! Doch wo ist
Ein niedrig Dach, durch dessen Thür nicht einst
Drang dieser Himmelsstrahl? Der dürft'ge Säugling,
Den sie nicht losend nahm auf's Knie und wärmte
An ihrer Brust? Das arme Kind der Schuld,
Das Aller Sorg' und Niemand's Sorg', es eilte
Zum Gruß, ausströmend sein vergess'nes Herz,
Wie bei der Mutter, die es nie gekannt,
In Freudensprüngen; denn ihr schuldlos Auge
Trug solchen Morgenstern in seinem Blau,
Daß all des Feldes Oedeland ausbrach
In der Natur Musik, ¹²) sobald sie nahte.
Geheimnißvoll drang ihre leise Stimme
Auch durch ein dumpfes Ohr, dem jede laute
Nur Schweigen blieb. — Stets offen ihre Hand,
Die Hand, die Blumen zog um eure Hütten,
Die sich geplagt zu kleiden eure Kleinen,
Wie hat sie oft des Kranken Stirn gekühlt
Und glattgelegt sein fieberheißes Kissen!
Wart ihr voll Kummer, und sie theilt' ihn nicht?

Belastet, und sie wollt' euch nicht erleichtern?
In Seelenzweifeln, und sie gab nicht Trost?
Und wenn einmal ein heißer Zwist erglomm,
Wie leise glitt sie zwischen euern Hader,
Wie schied sie euch so sänftiglich! Fürwahr,
Sie trug das leichte Joch des Herrn der Liebe,
Das Galiläa's wilde Woge stillte! — —
Und Einer, — Niemand hat von ihm zu sprechen —
War immer um sie; o ihr kanntet ihn,
Ihr liebtet ihn, denn er war liebenswerth.
Zusammen war dies Paar von Anfang an,
Zusammen konnt' es bis an's Ende bleiben.
O Freunde, schwer geprüft mag unser Schifflein
Auch ohne Schuld des Steuermann's, auch ohne
Des Hauptmanns Wissen scheitern: hofft mit mir!
Schied er mit Schmach von hier, weß ist die Schmach?
Wer klagt mich an, wenn ich, der Beid' entbehrt,
Zu leeren Stühlen, öden Wänden rufe:
Mein Haus ist wüste, wüste mir gelassen!

Er sprach's: die Hörer weinten; manche aber,
Der Scholle Söhne, sahn mit dunklern Stirnen
Als trübes Sommerwetter macht, nach ihrem
Großmächt'gen Herrn. Er saß soldatisch aufrecht,

Gebannt von Zorn und Schmerz, so lang er nicht
Fern blasses Leuchten sah, nein - Zackenblitze
Des nahen Sturms, nach seinem Haupt geschleudert:
Doch als des Redners Tonfall sanfter floß
Durch all des todten Kindes edles Walten,
Ward bleich die Frau, die sein Gesicht bewachte,
Beim jähen Zucken seines eh'rnen Mundes
Und dacht': „o gebe Gott, daß er sich hält,
Sonst sicher mach' ich Schande mir und ihm.‟

„Wer schilt euch — leer am Heerde bleibt ihr Platz —
Wenn ihr, nachhallend meine Klage, ruft:
Ach, unser Haus ist wüste uns gelassen!
Doch du, der tödtet, hättest du gewußt,
O du, der steinigt,¹³) hättest du verstanden,
Was deinem Frieden frommt und unserm Frieden!
Giebt's kein Prophetenwort, als welches Kön'ge
Verurtheilt, als den Wüstenruf: „Thut Buße!‟¹⁴)
Ist unser Kind dort auf dem schmalen Wege,
Das Jene mahnt, die auf dem breiten schlendern:
„O kommt herauf!‟ nicht ein Prophet für uns?
Kann man nicht stein'gen als mit Fels und Kiesel?
Ja, wie die Todten kundthun, die wir klagen!

5

Kann man nicht wüsten, als mit Schwert und Feuer?
Ja, wie eu'r Jammer zeugt! Mich selber machte
Einsamer, dunkler, ird'scher mein Verlust.
Gebt mir eu'r Flehn: ihm frommt es nicht, doch frommte
Ihm der lebend'ge Gnadenborn des Himmels.
Und ich, der sich voll Langmuth, Demuth, arm
Im Geist geglaubt: — wie ward der Worte Sinn
Verkehrt und meint Verdorbenheit; wir sind
So stolz geworden! — meine Stimme, wünsch' ich,
Wär' ein gewalt'ger Sturm des Gotteszorns,
Um diese Opfer durch die Welt zu tosen,
Ein Sturm, dem Weib von Babel gleich, zu hetzen
Die Stämm' in Gluth: — doch dort, dort auswärts blitzt
Die Erd' aus ihres Abgrunds Hölle,¹⁵) — dort
Die rothe Frucht des alten Götzendienstes! —
Der Herrn und Fürsten Köpfe fallen hastig;
Zusammen kleben sie im grausen Sack; —
Ein Schlachthaus all das Land! Hochzeiten, nackte,
Die Brück' hinab!¹⁶) — und Frankreich, ausgemordet,
Es treibt durch Ufer, schwarz von feisten Wölfen,
In einem Strom von Blut zur kranken See. —
Ist dies die Zeit, die Tollheit zu vertollen?
War dies die Zeit, sich stolz zu blähn, für Diese? —
Mag Pharao's Dunkel, Schleier, dicht wie jene,

Die vor des Volkes Blick den Hehrsten bargen
Vor seinem Tod, der Welt den Frevel hüllen!
Doch wir, im engern Kreis, wir müssen prüfen —
O nein, nur für sie beten, sie beklagen,
Die durch Erfüllung ihres Wunsches bald
Ihr graues Haar mit Leid zu Grabe legen. —
Das Band, das brechen sollte, brachen sie:
Es hätt' ihr Haus verknüpft mit künft'gen Tagen.
Mit plumpem Netz umstrickten sie die Reine
Und planten roh der lieben Tochter Glück:
Die Aermsten, die, ihr Thun nicht ahnend, saßen
Im Wahn und sannen auf des Kindes Tod!
Mag nicht genügen diese ird'sche Strafe?
Sind sie nicht baar all unf'rer Lieb' und Ehrfurcht?
Wird nicht die fremde Hand ihr Erb' erfassen?
Wird jemals wieder helles Kinderlachen
In ihrer Halle klingen, oder Stein
Auf Stein verbleiben? Oder gilt es nichts,
Daß ich, ihr Gast, ihr Wirth, ihr alter Freund
Durch ihre Schuld der Letzte meines Stamm's,
Zurufen muß den Letzten ihres Stamm's,
Was Christus vor dem Kampf zurief der Rotte,
Die nicht beim Tempel, nein beim Golde schwor, [17])
Die ihren Gott aus ihren Sagen schuf,

5*

Den Herrn erwürgt' und blieb ein Fluch der Welt: —
„Sieh, euer Haus ist wüste euch gelassen?" — —

Noch schloß er nicht, doch sie ertrug nicht mehr.
Längst hatt' ihr Herz gepocht, doch reuelos,
Ihr krampfgeschnürter Schmerz und ein Gefühl
Von Schwäche und Geringheit sie gepeinigt;
Dann quälte sie der Menschen Blick; beim Eintritt
Hatt' er des Stuhls Vorhänge weggeschoben —
Kohlschwarzer Sammt, vom besten, von ihr selbst
Besorgt; — nun hätte sie sich gern verhüllt,
Doch sich zu rühren scheute sie und rückte
Nur Zoll für Zoll nach ihrem Mann; und als sie
Nach Frauenart die Hand in seine legte
Und mit der andern sein Gesicht er barg,
Da schrie sie auf und sank — ein Schlingkraut, dem
Die Stütze brach — ohnmächtig ihm zu Füßen.
Die Leute trugen sie das Schiff entlang;
Die schlaffen Händ' und dünnen hagern Züge
Verschrumpft in Sorg' um Nichts durch funfzig Jahre.
Der stolze Herr des Landes rings, so weit
Das Auge reicht, und Aller Herr, die ihn
Ansahn mit scharfem Blick, er folgt' ihr nach
Aufrecht und steif; im Mittelflügel aber,

Da wankt' er wie ein müder Stier, der stolpernd
Durch das Gedräng' des Marktes, unbedauert,
Zum Tode geht; er tappte blind, er schien
Stets nah dem Fall, er hielt sich an den Stühlen,
Am eich'nen Schnitzwerk, bis zur Thür er kam;
Doch schritt er vom Portal zum Kirchhofpförtchen,
Zu seinem Wagen, wieder steif und aufrecht.

Nicht er, nicht sie kam durch das Pförtchen je,
Als unter'm Leichentuch. In einem Mond
Durch müde, immer müd're Stunden ging
Die Mutter ohne Kind, ihr Kind zu suchen.
Und als er rings das Schweigen seines Hauses
Empfand, den Wechsel, der kein Wechsel war,
Die stieren Augen der gemalten Ahnen,
Die von den goldnen Wänden immer starrten
Auf ihn, des Stammes letzten Zweig: da sank,
Da fiel sein Haupt: blödsinnig ward der Mann.
Er sprach kein einzig Wort, als: „wüste, wüste!" —
Zwei Jahre vor dem Tode war er todt;
Doch als das Christfest wieder kam, entwich er
Den Hütern und dem Schweigen, das ihn drückte,
In enger Nacht zu finden tief'res Schweigen
Bei Weib und Kind. — Nicht fehlte seinem Ende

Der schwarze Pomp, der sich an gold'nen Schwellen
Bückt vor dem Tod, noch zarter Herzen Beileid,
Noch Solcher, die des Stamm's Erlöschen klagten:
Das Veilchen auf dem Grabe des Tyrannen.

Dann ward die große Halle abgebrochen,[18])
In Felder eingetheilt der weite Wald;
Und wo die Zwei das Glück der Tochter planten,
Da haust des Habichts Brut, da bohrt der Maulwurf;
Der Igel unterwühlt den Wegerich,
Sein harmlos Köpflein streichelt das Kaninchen,
Die Kupferschlange kriecht, der schmächt'ge Wiesel
Verfolgt die Maus — und rings ist off'nes Feld.

Anmerkungen des Uebersetzers.

~~~~~~

¹) 1. Mose 6, 1. 2.

²) In England werden die jungen Juristen von den Richtern zu bestimmten Zeiten zum Mahle geladen.

³) Die Scene ist in der Nähe von London, in Kent oder Sussex, dem „Hopfenland," zu suchen. Die Hopfenstangen werden im Herbst auf dem Felde zu Kegeln zusammengestellt, so daß es mit Zelten bedeckt zu sein scheint.

⁴) Emanuel von Swedenberg.

⁵) Whigs und Torys; es ist von den bevorstehenden Parlamentswahlen die Rede.

⁶) Egbert, Ealmunds Sohn, Königs von Kent, wurde durch gewaltsame Vereinigung der sieben Reiche 827 erster König von England aus der sächsischen Dynastie. Starb 837.

⁷) Der Garten des Tempels, eines der ersten Gerichtshöfe Londons, liegt an der Themse; die Rivalin ist die Rechtswissenschaft.

⁸) Im Spätherbst des Jahres 1215 durchzog der König Johann ganz England von Dover bis Berwick und verwüstete die Provinzen. Nichts war zu sehen, als die Flammen von Dörfern und Schlössern, die eingeäschert wurden. (Hume's Geschichte von England.)

⁹) Matth. 23, 38. Luc. 13, 35. 3. (1.) Kön. 9, 8.

¹⁰) 3. (1.) Kön. 18, 28.

¹¹) 4. (2). Kön. 17, 16. 17.

¹²) Jesaia 35, 1. 2. — 55, 12.

¹³) Matth. 23, 37.

¹⁴) Jesaia 40, 3. — Matth. 3, 3. — Marc. 1, 3. — Luc. 3, 4.

¹⁵) 1793.

¹⁶) Nach Unterwerfung der Vendée ließ der Wütherich Jean Baptiste Carrier im November und December 1793 die Gefangenen zu vielen Tausenden durch Kartätschen niederschmettern und ersäufen. Das letztere geschah, indem zwei Personen verschiedenen Geschlechts zusammengebunden und ins Wasser gestürzt wurden; diese Grausamkeit nannte man eine republikanische Hochzeit. Das Wasser der Loire wurde hierdurch so verpestet, daß sein Gebrauch untersagt werden mußte. — Carrier's Kopf fiel am 16. December 1794 unter der Guillotine.

¹⁷) Matth. 23, 16. 17.

¹⁸) Jesaia 34, 11—15.

In gleichem Verlage und in gleicher Ausstattung erschien:

Enoch Arden.

Ein Gedicht von A. Tennyson

übersetzt von

F. W. Weber.

Broschirt 10 Neugroschen. Fein gebunden 15 Neugroschen.

— — —

Wenn unter denjenigen literarischen Erzeugnissen, die nicht einen nur vorübergehenden, sondern einen dauernden Werth haben und dem Freunde echter Poesie als eine kostbare Perle in unserer an wirklich guten Dichtungen gerade nicht allzu reichen Zeit gelten, Alfred Tennyson's Werke eine vorzügliche Stelle einnehmen, so verdient es reichen Dank, daß eines seiner neuesten Gedichte, das Viele als sein bestes schätzen, uns durch obengenannte Ausgabe in vortrefflicher Uebersetzung geboten wird. Was Tennyson's Werke überhaupt auszeichnet: tiefe Innerlichkeit, Einfachheit und Wahrheit neben Reichthum an Bildern und vollendeter Plastik, ohne müßige Zuthat, vielmehr in knappem und edlem Styl, das finden wir auch hier. Eine einfache Geschichte, deren Grundgedanke an Salas y Gomez von Chamisso erinnert, wird durch innere Wahrheit, Wärme der Empfindung und phantasiereiche Darstellung zu einem reizenden Gedichte. Besondern Dank verdient der Uebersetzer, indem er die Schwierigkeiten, welche die Uebertragung Tennyson'scher Dichtungen in's Deutsche bietet, so glücklich überwunden hat, ohne die dem Originale schuldige Treue und dessen knappe Form zu verletzen; die Uebersetzung trägt die Spuren einer solchen so wenig an sich, daß wir sie als

eine selbstständige Dichtung, als Original lesen. Je mehr Tenny=
son sich eines solchen Uebersetzers freuen darf, desto mehr müssen
wir wünschen, daß dieser auch die übrigen Werke jenes ersten der
lebenden Dichter Englands den Deutschen zugänglicher mache, als
sie im Originale sind.   (Hessische Morgenzeitung.)

„Enoch Arden" betitelt sich das Hauptstück der von Tennyson
zuletzt herausgegebenen Gedicht=Sammlung. Es wird von den
Engländern vielfach für die schönste und gelungenste Dichtung
ihres berühmten Landsmannes gehalten. Nicht mit Unrecht; denn
es ist, trotz des kleinen Umfanges, unbestritten ein vollendetes
Meisterwerk, und so völlig aus der Empfindungsart des Volkes
herausgedichtet, wie nur irgend ein Lied, das das Volk selbst sich
gesungen hat. Daß man dem günstigen englischen Urtheil dies=
seits des Canals beistimmt, beweisen die bereits vorliegenden
d r e i Uebersetzungen. Es war gut, daß wir mit unserer Em=
pfehlung die oben im vollständigen Titel verzeichnete d r i t t e
abgewartet haben. Genügt zu einer guten Uebersetzung in Prosa
neben Beherrschung des Stoffes tüchtige Sprachkenntniß und
Gewandtheit des Styls, so muß für die Uebertragung eines
poetischen Werkes zu diesen Gaben unbedingt noch das wahre
dichterische Gefühl hinzukommen; aus diesem erst wird das
poetisch empfundene Original in neuer Gewandung so wieder=
geboren, daß man seine Freude daran haben kann. Daß unser
Uebersetzer dieses dichterische Gefühl besitzt, beweisen schon die
Verse, womit er die Neuschöpfung „seiner lieben Anna" widmet:

Im schlichten Buch ein einfach schlichtes Lied!
Ein Buch, das recht zu unserm Hausrath paßt,
Zu Eich' und Esche, wie zu Woll und Leinen;
Ein Buch, so schlecht und recht, wie Du und ich
Und uns're lieben Zwei: Gott segne sie
Und segne sie mit siebenfachem Segen! —
Ein Lied, das selbst des Reimes Putz verschmäht,
So einfach, wie des Dorfes Abendläuten,
Wenn Sensenwetzen von den Wiesen klingt;

So einfach, wie die Blumen, die dort fallen
Vom scharfen Hieb des scharfen Stahls gemäht:
Orchis und Schachtelhalm, Kalta und Kresse. —
Wohl Dir, Du gute Frau, wohl Dir und mir,
Daß unser Herz noch bebt beim Abendläuten,
Daß uns're Augen froh gerührt noch sehn
Der armen Wiese reiche Gotteswunder:
Orchis und Schachtelhalm, Kalta und Kresse.

Damit sei denn das Büchlein, dessen freundliche elegante Ausstattung nichts zu wünschen übrig läßt, Allen, die sich und Andern
eine Freude machen wollen, bestens empfohlen.

(Kölnische Volkszeitung.)